www.ingramcontent.com/pod-product-compliance
Lightning Source LLC
Chambersburg PA
CBHW030711220526
45463CB00005B/1995
* 9 7 8 1 6 5 2 8 8 9 8 1 6 *